DELPHINE GARCIA

Chouette
il pleut !

BELUGA

TEMPÊTE

Chouette, Gwen la bigoudène
et son chat Job sont en vacances !
Gwen est ravie, la météo annonce
du mauvais temps cette semaine.
Quelle drôle d'idée d'aimer
la pluie, pense Job...

GOUTTIÈRE
CLAC
CLAC
CLAC
PLOC
PLOC
Chez Gwen et Job
CUUUIIII
CUUUIIII
?
BOÎTE AUX LETTRES

DÉS

Mais que faire pour s'occuper...
... un jeu de société ?
un peu de dessin ? ou peut-être
de la lecture ?

PALETTE
DE COULEURS

NON ! Notre bigoudène
veut trouver une occupation
plus amusante.

Gwen se précipite dans sa chambre...
Oh, les belles bottes de toutes les couleurs !!!
Elles lui inspirent mille et une bêtises
à faire dans les flaques !

FUITE D'EAU

CIRÉ

PLIC PLOC
PLIC PLOC

Dépêchons-nous, Job !
Inutile de te cacher.
Aujourd'hui, nous sortons
nous promener.

BAROMÈTRE

JAMBON

SAUCISSES FUMÉES

TRICOT

UNE GRENOUILLE

LUNDI : allons à la ville.
Il pleut, il mouille…
c'est la fête à la grenouille !

AAAAH!
GROOAAAAAKK
GROOAAAAAKK
GROOAAAAAKK
PLOC
PLOC
PLOC
PLOC
PLOC
PLOC

UN ESCARGOT

MARDI : il pleut de plus belle.
Mais que cache Gwen
dans son panier ?

Surprise !
C'est le temps idéal pour une course d'escargots
… 1, 2, 3, PARTEZ !

ARRIVÉE

UN CRABE

MERCREDI : il tombe à verse.
Épuisette et seau à la main pour ramasser
les coquillages, la courageuse Gwen
se précipite au secours de Job,
coincé dans les rochers.

SPLATCH
SPLATCH
SPLATCH

MIAOUUU
MIAOUUUU

Aïe, ouïe, qu'il pince fort ce crabe !

UN MOUTON

JEUDI : un petit crachin breton, ce n'est pas ça qui arrêtera notre bigoudène... et HOP ! Allons jouer à saute-moutons.

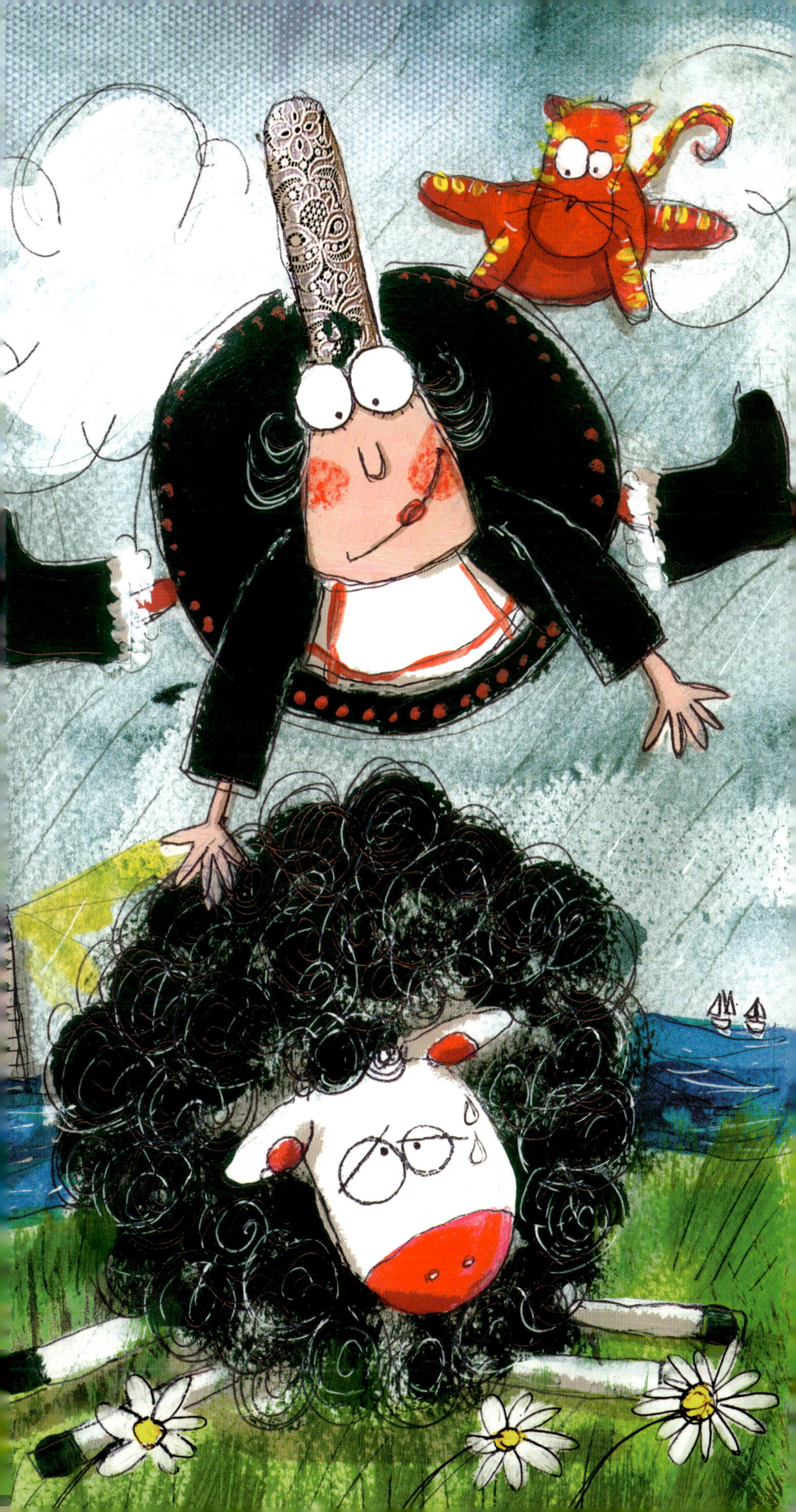

UN POISSON

café du port

VENDREDI : embarquement dans le canot.
Entre deux giboulées, allons pêcher à la ligne.

Quelle bande de farceurs ces poissons !

UNE VACHE

SAMEDI : quelques gouttes tombent encore.

Mais on peut toujours se balader dans les prés. Gwen fait traverser la route au troupeau...

... Allez, mesdames, on se presse !
Ou le taureau va devenir méchant.

DIMANCHE : la semaine se termine et le soleil pointe enfin son nez...

C'est bien aussi quand il fait beau. Adieu les bottes en caoutchouc. Gwen peut enfiler ses sandales…

... et elle en a toute
une collection qui attendent
leur jour de sortie !!

ISBN 978-2-84346-264-1
© Beluga / Coop Breizh, 2008
Kerangwenn - 29540 Spézet
Tous droits réservés, textes et images
www.coop-breizh.fr
Impression Cloître, Saint-Thonan (29)
Dépôt légal : mai 2008